Discernimiento

para las

Generaciones

Un sermón sobre la sabiduría en tiempos turbulentos

Una mirada del siglo XXI a Proverbios 2:1-15

Richard Caldwell

Publicado por:
Kress Biblical Resources
www.kressbiblical.com

ISBN: 978-1-934952-66-5

Contenido

Proverbios 2:1-15

Hijo mío, si recibes mis palabras,
y atesoras mis mandamientos dentro de ti,
² da oído a la sabiduría,
inclina tu corazón al entendimiento;
³ porque si clamas a la inteligencia,
y alzas tu voz al entendimiento,
⁴ si la buscas como a plata,
y la procuras como a tesoros escondidos,
⁵ entonces entenderás el temor del Señor,
y descubrirás el conocimiento de Dios.
⁶ Porque el Señor da sabiduría,
de su boca vienen el conocimiento y la inteligencia.
⁷ Él reserva la prosperidad para los rectos,
es escudo para los que andan en integridad,
⁸ guarda las sendas del juicio,
y preserva el camino de sus santos.
⁹ Entonces discernirás justicia y juicio,
equidad y todo buen sendero;
¹⁰ porque la sabiduría entrará en tu corazón,
y el conocimiento será grato a tu alma;
¹¹ la discreción velará sobre ti,
el entendimiento te protegerá,
¹² para librarte de la senda del mal,
del hombre que habla cosas perversas;
¹³ de los que dejan las sendas de rectitud,
para andar por los caminos tenebrosos;
¹⁴ de los que se deleitan en hacer el mal,
y se regocijan en las perversidades del mal,
¹⁵ cuyas sendas son torcidas,
y se extravían en sus senderos.

INTRODUCCIÓN...UN MUNDO EN CONFUSIÓN

En el momento de este escrito, están sucediendo cosas enormes en nuestro mundo. Casi a diario nos encontramos con eventos que llaman nuestra atención, plantean preguntas importantes y provocan una enorme conversación. A veces, por mucho que deseemos evitar lo que parece ser una confusión constante, no podemos.

En meses recientes, hemos lidiado con un virus que, en el peor de los casos, se suponía que acabaría con cerca de 2 millones de estadounidenses a menos que tomáramos medidas drásticas. Se nos dijo que, en el mejor de los casos, cientos de miles de personas morirían si no tomábamos medidas sin precedentes de aislamiento social. Nos dijeron que todos debíamos permanecer en casa y practicar el distanciamiento social, o de lo contrario no amábamos a nuestro prójimo. Las circunstancias relacionadas con la crisis fueron a veces extrañas. Hubo una extraña prisa por comprar papel higiénico, la cual aún tratamos de entender. El desinfectante de manos se volvió más valioso que el oro. Todo esto fue inquietante, por decir lo menos.

Hubo diversos informes sobre cómo se transmitía el virus y qué precauciones eran necesarias para prevenir la infección. Quizás el virus estaba en el aire, o quizás no. Quizás las máscaras sean útiles, quizás no. Pero debido a la incertidumbre de todo esto, no se harían excepciones a estas restricciones iniciales (respecto al distanciamiento), no visitas al hospital, no funerales, nada.

El resultado fue que algunas personas murieron completamente separadas de sus familias porque los hospitales no permitían visitas.

Lo que parecía extraño y confuso era que en medio de todo ese peligro había "lugares esenciales" donde sí se podía correr el riesgo de infección. Aún podíamos congregarnos en tiendas de uso general como Walmart y Target. En algunos estados, las tiendas de licores estaban en la lista inicial de "lugares esenciales". Y como recientemente vimos, al parecer no hay que temer al virus en las protestas. Allí, podemos estar hombro con hombro, cantar y bailar y pasar el rato por días. De hecho, algunos de los expertos en salud que insistieron en que no habría excepciones con respecto a las pautas de distanciamiento que prohibían las reuniones públicas, dieron su apoyo públicamente a varias protestas o marchas diseñadas para hacer una declaración social (como al desfile del "orgullo gay")

Para la iglesia, la pregunta principal sobre todo esto no era si cumpliríamos con las directivas dadas por nuestros funcionarios de gobierno. La Biblia es clara en Romanos 13 que nosotros, como iglesia, somos un pueblo sumiso. Somos ciudadanos del cielo, pero también buenos ciudadanos de la tierra. Dios nos llama a someternos a las autoridades gobernantes. Si **no** se nos pide que violemos la Escritura, entonces somos los ciudadanos más sumisos y solidarios. **La pregunta siempre ha sido, "¿Qué piensa la iglesia sobre esto? ¿Cómo procesa la iglesia lo que está sucediendo en el mundo que nos rodea?"**

Y luego, cuando pensamos que no podía volverse más caótico, justo cuando parecía que estábamos empezando a salir de lo peor del virus, nos encontramos con la trágica muerte de George Floyd[1]. El resultado de la muerte de George Floyd ha sido una conversación nacional—de

---

[1] George Floyd era un afroamericano que murió, frente a una cámara, mientras estaba bajo custodia policial.

hecho, parece ser una conversación global— sobre la raza, sobre la historia de Estados Unidos y la situación actual de nuestra sociedad. Prácticamente en todo momento, hay conversaciones sobre racismo, sobre privilegios, sobre como la sociedad debe ser estructurada. **Una vez más, el problema crucial que enfrenta la iglesia es, ¿Qué pensamos acerca de estas cosas? ¿Cómo las vemos? ¿Cómo las procesamos?**

Nada de esto es completamente nuevo. Es simplemente lo último en un mundo lleno de caos y opiniones. El mundo siempre ha estado lleno de opiniones, pero, gracias a las redes sociales, esas opiniones nunca se han difundido tan fácil y ampliamente.

Hemos visto cambios sísmicos en la cultura durante nuestra vida. Hemos vivido la redefinición del matrimonio, algo que, que yo sepa, no tenía precedentes en la historia del mundo. Ahora vivimos en un mundo que ha adoptado la homosexualidad, no solo como algo que debe ser tolerado, sino como algo bueno. De hecho, si prestas atención a la televisión, podrías pensar que es preferible. Hemos visto las instalaciones de los baños reorganizadas para acomodar a las personas que insisten en que su género es algo separado de su realidad sexual biológica.

Y a través de todos estos ciclos y cambios en la cultura, ha habido una avalancha de actividad destinada— diseñada— para convencernos de que todo esto es perfectamente aceptable y normal. Prácticamente todas las grandes ligas deportivas, la industria del entretenimiento y los medios de comunicación, han apostado su lugar al lado de un nuevo día en la historia en el que todas estas cosas se redefinen. Si caminas en la América promedio, no está tan arraigado. Pero si escuchas lo que viene a través de las ondas de radio y televisión, parece que esto está implantado. El barco ha zarpado. Todo lo que queda es que todos subamos a bordo.

La campaña de reeducación no se limita a los adultos. Hay intentos inconfundibles de influir en los más jóvenes entre nosotros. Ya sea lo que se enseña en las clases de salud de las escuelas públicas o el ejemplo que se da a los niños durante una extraña lectura de libros por hombres vestidos como mujeres; los niños están siendo adoctrinados.

Lo que ha sido aterrador y condenable a través de todo esto, es la frecuencia con la que se ha observado a la iglesia tratando de evitar la desaprobación social. Es bastante obvio, si estamos prestando atención, que la iglesia a menudo se encuentra tratando de "cristianizar" cualquier tendencia en el consenso cultural actual. Todo el tiempo, por supuesto, insistiendo en que estamos donde siempre hemos estado, aferrándonos a nuestra identidad histórica. Insistimos en que no nos comprometemos, pero aun así es evidente, que estamos tratando de ceñirnos una ropa que nunca fue destinada para nosotros. Para emplear la analogía bíblica de vestirse y despojarse (despojarnos del vestido viejo que pertenecía a la vida anterior y ponernos el vestido nuevo que pertenece a Cristo), nos encontramos tratando de meternos en la ropa del mundo y sin embargo afirmando que es nuestra propia marca cristiana.

Cuántas veces la iglesia evangélica de nuestro tiempo ha estado dispuesta a reevaluar lo que durante mucho tiempo ha creído, debido a la conciencia social y la indignación moral, de un mundo que ya ha demostrado que no tiene conciencia y que no respeta lo que es ¡verdaderamente moral según la Escritura! La iglesia se encuentra a menudo hablando el mismo idioma, usando la misma jerga y recitando las mismas perspectivas de un mundo en tinieblas.

Detente y piensa en ello: ¿Debemos creer que un mundo perdido en el pecado, inmerso en la oscuridad espiritual, alejado de la vida de Dios, demostrablemente equivocado en tantos asuntos, se supone que de repente es nuestra guía en cuanto a

- **¿Cómo vivir en este mundo?**
- **¿Cómo ver la raza?**
- **¿Cómo ver la justicia?**

¿Necesita la iglesia de pronto seguir el ejemplo de este mundo?

Si la iglesia eligiera un consejero, no podríamos elegir uno peor. Si el mundo se convierte en nuestro consejero en estos temas, comprende que hemos elegido un consejero que es el más ignorante e irrazonable. Es un consejero que tiene un historial de fracasos del 100% y no teme a Dios. Es desesperadamente egoísta, un consejero ciego, sordo, esclavizado y muerto en pecados, un consejero que no es amigo de la iglesia. Es de hecho, un consejero cuya doctrina proviene de Satanás.

Cuando la iglesia se esfuerza por ser aplaudida por el mundo, busca la aprobación de un amigo que solo finge lealtad. El mundo nunca ha sido amigo de la iglesia— no de la verdadera iglesia.

Cuando la iglesia se esfuerza por ser amiga del mundo, se convierte en enemiga de Dios. No me refiero en el sentido de redención o en el sentido de ver personas convertidas, transformadas y amando a Cristo. Por supuesto, la iglesia es amiga del mundo en ese sentido. Nos importa nuestro mundo. Nos importa la vida de las personas con las que nos encontramos cada día. Pero en términos de estar de acuerdo con el sentido de moralidad y conciencia del mundo, eso representa enemistad con Dios.

Santiago 4:4 dice: *¡Oh almas adúlteras! ¿No sabéis que la amistad del mundo es enemistad hacia Dios? Por tanto, el que quiere ser amigo del mundo, se constituye enemigo de Dios.*

Estas son verdades bíblicas sencillas y establecidas. Y, sin embargo, a pesar de la realidad de todo lo que acabo de decir (sobre el consejo y la aprobación del mundo), ¿qué observamos? En cada paso del camino, en toda esta confusión, hay voces fuertes que nos dan lecciones, nos advierten y nos avergüenzan en el nombre de Cristo. "¿Acaso no amas? ¿Acaso no te importa?" **Y según esas voces, importar y amar se equiparan con la voluntad de abrazar la nueva versión de evangelicalismo de la narrativa cultural.** La cultura dice: "Así es como debemos pensar" y el evangelicalismo se retuerce y se contorsiona para adaptarse a las últimas modas ideológicas del mundo, al mismo tiempo que avergüenza a cualquiera que no quiera hacer lo mismo.

Eso es lo que está sucediendo y te advierto que no será el final. No es el comienzo y no será el final, por eso he titulado este libro *Discernimiento para las Generaciones*, no "Discernimiento para el Momento", aunque lo que está aquí sin duda nos servirá en el momento. <u>Lo que quiero que veamos en la Palabra de Dios es para todos los tiempos.</u> Fue bueno y digno de confianza para la generación para la que fue escrito, es verdadero y sano este año y será bueno y digno de confianza para el resto del tiempo, porque es la Palabra de Dios. No es la sabiduría del hombre, sino la sabiduría de Dios, lo que necesitamos para cada día, para cada generación, para cada cultura, para todo tiempo.

La iglesia tiene una necesidad desesperada de discernimiento en este momento. Si prestas atención a las redes sociales, verás confusión, incluso entre el pueblo de Dios. Se están produciendo todo tipo de discusiones. Los creyentes siempre han necesitado discernimiento y siempre lo necesitarán. Entonces, ¿qué nos enseña este pasaje sobre el discernimiento? ¿Cómo debe pensar un creyente? Ya sea que estemos lidiando con un virus o con un conflicto racial en la sociedad, ¿Cómo pensamos sobre estas cosas?

Reflexión y aplicación

1. ¿Cuáles son algunos de los principales desafíos a los que se ha enfrentado el mundo últimamente?

2. ¿Cuáles son algunos indicios de que el mundo está confundido?

3. ¿Debería la iglesia someterse rápidamente al gobierno o ser lenta en someterse? ¿Por qué?

4. ¿Cuándo debería la iglesia negarse a someterse?

5. ¿Cuáles son algunos cambios importantes en la cultura a través de tu vida?

6. ¿Debería la iglesia evangélica tomar como referencia la conciencia del mundo?

7. ¿Cómo decides tú personalmente, qué está bien y qué está mal?

EL DESEO DE DISCERNIMIENTO

Estudiaremos los primeros 15 versículos de este segundo capítulo de Proverbios. El primer punto se encuentra en los versículos 1-5, el deseo de discernimiento.

¹ Hijo mío, si recibes mis palabras,
y atesoras mis mandamientos dentro de ti,
² da oído a la sabiduría,
inclina tu corazón al entendimiento;
³ porque si clamas a la inteligencia,
y alzas tu voz al entendimiento,
⁴ si la buscas como a plata,
y la procuras como a tesoros escondidos,
⁵ entonces entenderás el temor del Señor,
y descubrirás el conocimiento de Dios.

Lo primero que vemos en estos versículos, 1-15, es la expresión del deseo. Y además, encuentras una promesa asociada a ese deseo. El patrón es: *Si..., si..., si..., entonces,* versículo 5, *entenderás el temor del Señor, y descubrirás el conocimiento de Dios.*

Antes de que veamos lo que el escritor dice aquí, quiero explicar por qué elegí usar la palabra "discernimiento" para resumir lo que nos está enseñando en los versículos 1-15. Aunque no encuentras la palabra "discernimiento" allí, creo que "discernimiento" es una buena palabra para resumir todo el pasaje. El discernimiento es lo que se necesita y el discernimiento es lo que debemos desear.

¿Por qué digo eso? Bueno, déjame definirlo en este momento. **El discernimiento es la capacidad de colocar tu aprobación en lo que Dios aprueba y de rechazar lo que Dios desaprueba, porque puedes percibir la diferencia.** En medio de todo lo que enfrentamos ahora como cultura, ¿Eres capaz de reconocer la diferencia entre lo que Dios aprueba y lo que desaprueba y estás dando tu aprobación a lo que Dios aprueba?

El discernimiento es <u>sabiduría</u>. El discernimiento es <u>conocimiento</u>. El discernimiento es <u>entendimiento</u>. El discernimiento es <u>discreción</u>, que llega al asunto de la práctica sabia, **sabiduría en la práctica**. Si tú y yo realmente aprobamos lo que Dios aprueba, <u>será más que una actitud</u>. Va a penetrar en las profundidades de lo que vemos, cómo percibimos la vida y cuál es nuestra perspectiva. Luego esto influye en nuestras actitudes, nuestras palabras y nuestras preferencias.

Hebreos 5:14 *Pero el alimento sólido es para los adultos, los cuales por la práctica tienen los sentidos ejercitados para discernir el bien y el mal.*

Nota lo que dice, *los cuales por la práctica tienen los sentidos ejercitados para discernir el bien y el mal.* Esto implica práctica, un hábito. Implica ejercitar o entrenar nuestros sentidos, nuestros órganos de percepción: lo que vemos, lo que oímos. Implica entrenarlos para discernir, para emitir juicios, sobre qué es bueno y qué es malo.

<u>Eso es discernimiento. Eres capaz de distinguir el bien del mal.</u> Y la razón por la que puedes distinguir el bien del mal es que has estado practicando discreción al usar la Palabra de Dios. Tu órgano espiritual de percepción ha sido entrenado por la verdad de Dios. Es un proceso. Toma tiempo. Significa caminar con Dios, conocer la Palabra de Dios y practicar la Escritura. Cuanto más hagas esto, día tras día, mes tras mes, año tras año, más crecerás en tu capacidad para distinguir el bien del mal, distinguir entre lo que Dios realmente aprueba y lo que desaprueba, de modo que

enfoques tu mente, corazón, voluntad y deseos en lo que agrada a Dios.

Y el estándar para el discernimiento es la Palabra de Dios. Es la enseñanza de la sabiduría de Dios la que produce sabiduría si la recibes correctamente. ¿De dónde obtienes la sabiduría? La obtienes de la Palabra de Dios.

Con la palabra "discernimiento" en mente, notaremos a continuación algunos de los elementos que se identifican para que tengamos discernimiento. Tenemos que desearlo. Tenemos que quererlo de verdad. Y el primer elemento de eso involucra la enseñanza de la sabiduría.

Reflexión y aplicación

1. Vuelva a leer la definición de discernimiento. Explique cada parte de ella.

2. ¿Qué otras palabras se pueden usar en lugar de la palabra "discernimiento"?

3. ¿Por qué el discernimiento es más que una actitud?

4. ¿Qué tiene que ver la práctica con el discernimiento?

5. ¿Qué tiene que ver la madurez con la sabiduría?

6. ¿Cuál es el estándar del discernimiento?

7. ¿De qué manera ha cambiado la Biblia tus propias creencias sobre lo que es bueno y lo que es malo?

CONCIERNE A TODOS LOS QUE AMAN (v. 1)

El deseo de discernimiento se manifiesta en la persona que ama a los demás. Esta instrucción se nos da en el lenguaje en el que un padre enseña al hijo. Versículo 1: *Hijo mío*— este es un padre que enseña a un hijo, o podrías usar el mismo tipo de lenguaje para hablar de un maestro que enseña a un estudiante. A menudo existe ese tipo de relación padre/hijo entre alguien que está discipulando y alguien que está aprendiendo.

Pero el punto es que, si realmente amas a otra persona, quieres que tenga discernimiento. Quieres que ellos puedan distinguir entre lo que es bueno y lo que es malo, lo que está bien y lo que está mal, lo que agrada a Dios y lo que no. Entonces, en estos versículos, tienes a un padre suplicando a su hijo que reciba las palabras, los mandamientos que resultarán en sabiduría. *Hijo mío, si recibes mis palabras, y atesoras mis mandamientos dentro de ti, da oído a la sabiduría, inclina tu corazón al entendimiento...* En otras palabras, quiero darte sabiduría. Quiero darte las palabras de Dios. Y mi deseo para ti es que les prestes atención; que las escuches y las recibas. Si realmente amas a otra persona, el discernimiento es importante.

Padres, ¿les importa que sus hijos tengan una visión precisa del mundo y sus problemas? Particularmente en este momento, si no han sido alertados de la necesidad de encaminar a sus hijos diligentemente a la Palabra de Dios y enseñarles cómo pensar en la vida, están fallando en una gran responsabilidad como padres. Este es su trabajo. Pero para que sean buenos maestros, deben ser buenos aprendices. El trabajo de la iglesia es enseñar a ustedes la Palabra de Dios, de tal manera que estén equipados para enseñar a su familia y que sus hijos salgan del hogar algún día, sabios. No puedes amar a alguien y ser indiferente al tema del discernimiento.

Pastores, ¿les importa que la iglesia que pastorean camine con Dios? En medio de un mundo de confusión, ¿deseas ver a tu congregación estable en la verdad, no sacudida de un lado a otro con cada viento de doctrina y cada capricho cultural, sino capaz de caminar establemente en la Palabra de Dios? ¿Les importa? ¿Es eso lo que quieren? ¿Quieren que las personas que aman caminen con Dios en la seguridad de la verdad de Dios, porque ese es el único terreno seguro que existe? ¿Quieren que se produzcan vidas que sean una fuerza para el bien, la verdadera justicia, la rectitud, la piedad y todo buen camino a seguir?

¿Les importa que las personas que aman tengan el equipo necesario para vivir así incluso cuando no están cerca? Cuando llegue el día en que ya no estén allí, ¿quieren haberles enseñado de tal manera que tengan sabiduría, discreción y discernimiento sin ustedes, guiándoles en cada paso del camino hacia Dios y Su Palabra, para que estén equipados para poder reconocer las diferencias?

Reflexión y aplicación

1. ¿Por qué deberías querer que las personas que amas tengan discernimiento?

2. ¿Cuál es el trabajo de un padre con respecto al crecimiento de un niño en el discernimiento?

3. ¿Cuál es el trabajo de un pastor con respecto al crecimiento en discernimiento de una congregación?

4. ¿Qué tiene que ver tu ausencia futura con su discernimiento?

5. Nombra algunas personas a las que amas. ¿Cómo te esfuerzas por mejorar su capacidad para discernir la diferencia entre lo que agrada a Dios y lo que le desagrada?

CONCIERNE A TODOS LOS QUE ESCUCHAN ATENTAMENTE ESE AMOR (vv. 1-5)

Entonces, el primer deseo que ves en los primeros cinco versículos es el del maestro. Tiene a su hijo en su corazón. Tiene sabiduría en la boca y quiere que su hijo reciba estos dichos. Pero observa que también está dando voz a una inquietud que debería existir en las personas amadas. <u>No debe ser solo la persona que ama la que se interesa por el discernimiento, sino que las personas amadas también deben interesarse por el discernimiento.</u>

El padre le pide a su hijo que se interese por lo que a él le interesa. "Te ruego que recibas las palabras de Dios, los mandamientos que están en mi boca para ti. Te ruego que recibas estas cosas porque quiero que tengas sabiduría", lo que significa que, si el hijo escucha la voz de su padre, se ocupará de recibir lo que su padre está enseñando. Al igual que su padre, se interesará por el discernimiento.

<u>No puedes amar y respetar a alguien que es más sabio que tú y te ama, si no te importa el discernimiento.</u> Esto es cierto tanto en el hogar como en la iglesia. Es cierto entre dos personas que se aman. Si una persona que es más sabia en el Señor y más conocedora de la Palabra de Dios que tú, y está buscando enseñarte algo por el bien de tu alma y por la seguridad de tu vida, como dice el escritor de Proverbios aquí, si <u>le importas</u> lo suficiente como para enseñarte la verdad, entonces <u>debes interesarte</u> lo suficiente como para escucharla, para recibirla.

Todo maestro sabio sabe que hay un solo lugar donde reside toda la sabiduría—en Cristo. Ninguno de nosotros puede afirmar que tenemos toda la sabiduría, porque no la tenemos. Todo maestro sabio lo sabe. Pero escucha: <u>todo alumno sabio tiene en alta estima a los maestros sabios.</u>

Todo alumno sabio dice: "Necesito escuchar a mis maestros". Eso es especialmente cierto donde Dios ha asignado la responsabilidad de enseñar. Los pastores son responsables de pastorear la iglesia. La iglesia debe reconocer y respetar eso. Los padres son responsables de pastorear a sus hijos. Los niños deben entender y respetar eso. Eso es sabiduría.

Actualmente sufrimos de una cultura obstinada, de una especie de independencia que es muy insensata. Las redes sociales ciertamente han acentuado en las personas el instinto equivocado de que tengo una voz y mi voz debe ser escuchada. Entonces, estoy hablando solo por mí. Es el tipo de orgullo que imagina que el mundo acaba de comenzar: Cada hombre hace lo que es correcto a sus propios ojos, diciendo lo que es correcto según su propia mente (piense en el período de los jueces en la Biblia). **Y nos hemos olvidado de que la iglesia es la columna y sostén de la verdad en el mundo.**

Alguien se ha preguntado: "¿Qué cree nuestra iglesia sobre esto? ¿Cuál es la posición de nuestra iglesia? ¿Qué dicen nuestros ancianos sobre esto?" Antes de lanzar mis ideas, tal vez deba parar y preguntar: "¿Qué dicen mis maestros?" ¿Estoy dispuesto a escuchar? Antes que los hijos expresen sus ideas, se han detenido a preguntar: "¿Qué dicen mis padres sobre esto? ¿Me están enseñando la Palabra de Dios?"

Sufrimos debido a que esta generación ha enseñado una ELEVADA AUTOCONFIANZA en personas que tienen BAJA COMPETENCIA. Durante los últimos 20 a 30 años (tal vez más), nuestro país les ha enseñado a los jóvenes: "Eres el más grande. Eres el mejor. No hay nada que no puedas hacer". Entonces, tienes a estas personas caminando con mucha confianza en sí mismas, pero con poca competencia cuando se trata de su forma de pensar. La poca competencia es suficientemente mala, pero cuando se une a una elevada autoconfianza, tienes una fuerza de destrucción. Y eso está en toda nuestra cultura. Tienes personas absolutamente convencidas de que saben qué es mejor, cuando no tienen ni idea de qué es lo mejor.

Una de las marcas de la necedad es la apatía frente a las asignaciones dadas por Dios y ante las relaciones (pastor/iglesia, padre/hijo) también dadas por Dios. Existe la voluntad de derribar esas relaciones que Dios ha elegido para el avance de la sabiduría. Sufrimos de una falta de eclesiología bíblica (el estudio del diseño de Dios para la iglesia: qué es, quién está en ella y cómo funciona). Como dije antes, cada hombre hace lo que le parece correcto a sus propios ojos—simplemente dando voz a sus propios pensamientos y nadie pregunta: "¿Qué dice la iglesia?"

Reflexión y aplicación

1. ¿De qué manera, el hecho que te importe el discernimiento muestra amor y respeto por alguien que es más sabio que tú y que te ama?

2. ¿Por qué es sabio escuchar a tus maestros?

3. ¿Por qué es buena idea no compartir todos tus pensamientos en las redes sociales?

4. ¿Has considerado pedir a los líderes de tu iglesia sabiduría acerca de tus ideas?

5. ¿Por qué la elevada autoconfianza es a menudo algo malo?

6. Explica por qué la apatía con respecto a las relaciones dadas por Dios es una necedad.

7. Lee Jueces 21:25 en la Biblia y reflexiona sobre ello.

REQUISITOS PARA EL DISCERNIMIENTO (vv. 1-5)

No solo vemos el deseo de discernimiento en estos versículos, sino que vemos que hay requisitos para aprender este tipo de sabiduría. No es suficiente decir: "Deseo tener discernimiento". Si deseas la capacidad de reconocer lo que agrada a Dios y lo que no, ¿estás dispuesto a aceptar los requisitos para obtenerla?

Encontrarás una serie de enunciados *SI* y luego una serie de enunciados *ENTONCES*. *Si* esto es cierto... *Entonces* este será el resultado. Por tanto, los *SI* representan una serie de requisitos para el discernimiento. Es posible que quieras hacer una tabla visual de todas las declaraciones *SI* y todas las declaraciones *ENTONCES* en estos versículos. *"...Si recibes mis palabras", "si clamas a la inteligencia", "si la buscas como a plata", "entonces", "entonces", "entonces..."* Si quieres los *ENTONCES*, tienes que adoptar los *SI*. Teniendo esto en cuenta, podrías preguntarte: ¿Qué se requiere para tener una vida con discernimiento?

Un corazón receptivo—estamos dispuestos a recibir (vv.1-2)

Lo primero que ves es que debes tener un corazón receptivo. *Hijo mío, si recibes mis palabras y atesoras mis mandamientos dentro de ti, da oído a la sabiduría, inclina tu corazón al entendimiento; porque si clamas a la inteligencia...* y así continúa.

Lo que queda claro es que un corazón receptivo es más que una disposición a escuchar pasivamente. No es, "Está bien, te escucharé". Es escuchar con atención. Él dice en el v.2 que debes *recibir* sus palabras, *dar oído a la sabiduría*. Debes *inclinar tu corazón* —la imagen de casi postrarse— al entendimiento. Está pidiendo una especie de escucha atenta, aceptante y sumisa a la enseñanza. Si realmente tienes un corazón receptivo, tu propósito al escuchar es aprender y obedecer. Si quieres discernimiento, tienes que ser un oyente obediente de la Palabra de Dios.

Un corazón perceptivo—vemos el valor de lo que recibimos (vv.1b-5)

En segundo lugar, no solo necesitamos un corazón receptivo, sino también un corazón perceptivo. Este hijo no solo estaría dispuesto a escuchar, sino que comprende la bondad y el valor de lo que está recibiendo, porque vemos en el versículo 1 que está llamado a atesorar estos mandamientos dentro de él.

Aferrándonos a lo que se nos ha dado (v. 1b).
Percibes su valor.

Atesóralos porque realizas que son un tesoro. Aférrate a lo que te han enseñado, está diciendo. Atesorarlos es guardarlos, esconderlos, apartarlos para su custodia. Quieres protegerlo, cuidarlo y apreciarlo, porque reconoces su valor y no quieres perderlo. Toma lo que se te ha enseñado de la Palabra de Dios y escóndelo en tu corazón. Guárdalo a salvo allí, porque es valioso.

Rindiéndonos a lo que se nos ha dado (v. 2b).
Percibes su autoridad.

Tienes un corazón que percibe el valor de la enseñanza, de la sabiduría, de modo que te sometes a lo que se te ha dado. **Percibes no solo su valor; percibes su autoridad.** "¿Por qué? ¿Por qué haría que mi oído estuviera atento a ella? ¿Por qué inclinaría mi corazón a ella? "Porque te das cuenta de que lo que te está dando tu padre, en este caso en Proverbios 2, no es solo su opinión. Estas son las palabras de Dios. Ellas tienen autoridad, por lo que deseas someterte a lo que se te ha enseñado.

Puedo decírtelo así: <u>un corazón que percibe la verdadera naturaleza de la Escritura se sujetará a su autoridad.</u>

Reconoces su fuente y su naturaleza. En tu Biblia tienes algo que nos ha llegado de parte de Dios.

Reconoces su veracidad. Debido a que nos ha llegado de Dios, <u>es completamente veraz.</u> En conjunto, es la verdad. En cada una de sus afirmaciones, es verídica. Entonces, si quieres la verdad en medio de un mundo confuso, ¿dónde la encuentras? En la palabra de Dios.

Reconoces su autoridad. Vienes a la Escritura para obedecerla, no para probarla.

Reconoces su suficiencia. En ella, Dios nos dio todo lo que necesitamos para la vida y la piedad. Porque te das cuenta de esto, la escuchas de otra manera.

La escuchas de manera singular. No es una voz en medio de un mundo lleno de voces. <u>Es la única voz que importa en un mundo lleno de voces.</u> Escuchas la Palabra de Dios de esa manera.

Buscando lo que necesitamos (vv. 3-4).
La persigues.

El corazón que percibe la autoridad de las palabras de Dios las buscará, las seguirá.

Versículo 3: *porque si clamas a la inteligencia...* Ahora no solo escuchas pasivamente. Estás buscando. *... porque si clamas a la inteligencia y alzas tu voz al entendimiento, si la buscas como a plata, y la procuras como a tesoros escondidos...*

Si te dijera que hay un millón de dólares en oro enterrado en algún lugar de tu casa, ¿cómo lo buscarías? Y él dice: "¿Sabes qué? Debes buscar la sabiduría de la manera en que buscarías la plata o de la manera en que buscarías un tesoro escondido". Estás buscando, persiguiendo sabiduría porque sabes que la necesitas.

Proverbios 8:17 (La sabiduría se personifica aquí.) *Amo a los que me aman, y los que me buscan con diligencia me hallarán.*

Proverbios 16:16 *Adquirir sabiduría, cuánto mejor que el oro, y adquirir inteligencia es preferible a la plata.*

Proverbios 8:10 (Otra vez, la sabiduría es personificada.) *Recibid mi instrucción y no la plata, y conocimiento antes que el oro escogido....*

Compare el esfuerzo que la gente hace tratando de ganar dinero, con el que incluso aquellos en la iglesia hacen tratando de obtener la sabiduría de Dios, especialmente dado el hecho de que se nos han dado promesas al respecto.

Santiago 1:5 *Pero si alguno de vosotros se ve falto de sabiduría, que la pida a Dios, el cual da a todos abundantemente y sin reproche, y le será dada.*

Frente a tales declaraciones, ¡me sorprende que los cristianos profesantes se contenten con simplemente repetir lo que están escuchando del mundo que los rodea! Me sorprende el poco pensamiento con el que los creyentes profesantes han aceptado lo que se supone verdadero y correcto, simplemente porque están inmersos en ello. Cuando la iglesia se encuentra repitiendo como loros lo que el mundo dice sobre cualquier tema, está repitiendo ideas, perspectivas y filosofías que como mínimo, podemos decir que yacen en la superficie del suelo donde cualquiera puede tomarlas. Si el mundo las capta, entonces es conocimiento que se puede obtener sin Dios, sin conversión y sin el Espíritu de Dios.

Pero lo que tú y yo estamos llamados a buscar es algo que no yace en la superficie del suelo. Hay que buscarlo, perseguirlo. Tienes que desearlo más de lo que deseas cualquier cosa en este mundo. Ahí es cuando lo encontrarás. Es algo que debes buscar con diligencia. No es natural para la gente. Representa la revelación del cielo—algo sobrenatural que ha venido del trono de Dios. No está simplemente en la superficie del suelo, y aquellos sin Cristo ciertamente no tienen acceso a ella. Eso es lo que necesitas ahora mismo en medio de toda esta confusión. No necesitas lo que hay en la superficie y que cualquiera puede agarrar. Necesitas lo que viene del cielo. Te digo, no sonará igual a lo que el mundo dice y no será igual a lo que el mundo dice.

Un corazón humilde— mirando a Dios para estas cosas —nos esforzamos por comprender el temor del Señor (vv. 3-5a)

¿Qué se requiere para el discernimiento? Necesitas un corazón receptivo y perceptivo. Si lo tienes, comprenderás el valor de las palabras de Dios, su autoridad y tu necesidad de la Palabra de Dios. De modo que también podemos decir que este es el corazón humilde. ¿Dónde reside la sabiduría? En el corazón humilde. Este es el corazón que busca a Dios.

En el versículo 5 encontramos nuestro *ENTONCES* después de todos los *SI*: *entonces entenderás el temor del Señor, y descubrirás el conocimiento de Dios*. Esto es lo que buscamos, no la sabiduría de los hombres, sino el temor del Señor, el conocimiento de Dios. Por cierto, la Biblia es descrita de esta manera. El Salmo 19 describe la Palabra de Dios como el temor del Señor. Vea cómo *el temor del Señor* es paralelo a varias descripciones de la Palabra de Dios:

Salmo 19:7–11 *La ley del Señor es perfecta,*
que restaura el alma;
el testimonio del Señor es seguro,
que hace sabio al sencillo.
⁸ Los preceptos del Señor son rectos,
que alegran el corazón;
el mandamiento del Señor es puro,
que alumbra los ojos.
⁹ El temor del Señor es limpio,
que permanece para siempre;
los juicios del Señor son verdaderos,
todos ellos justos;
¹⁰ deseables más que el oro;
sí, más que mucho oro fino,
más dulces que la miel
y que el destilar del panal.
¹¹ Además, tu siervo es amonestado por ellos;
en guardarlos hay gran recompensa.

La humildad es la razón por la que estás dispuesto a escuchar, a someterte y a buscar. Tu corazón es humilde, no elevado con el orgullo de la poca competencia y la alta confianza. Más bien, comprendes lo que no tienes.

El orgullo no escucha y no se somete, porque ya tiene lo que necesita. Pero si quieres discernimiento, debe haber un corazón humilde que diga: "Valoro las palabras de Dios. Necesito las palabras de Dios y no estaré satisfecho con nada más que las palabras de Dios. Quiero la sabiduría de Dios."

Un corazón creyente—el resultado ha sido anunciado (v. 5)

Esta actitud significa que tendrás un corazón creyente, porque el versículo 5 representa una promesa, ¿no es así? *entonces entenderás el temor del SEÑOR....* Cuando buscas así, buscando donde debes buscar y con la actitud con la que debes buscar, Dios dice que vas a encontrar lo que quieres. Esto distingue al discernimiento de la sabiduría de hoy. El discernimiento se encuentra en el temor y la revelación de Dios.

Déjame decirte dónde no se encuentra el discernimiento. **No se encuentra en tus emociones y no se encuentra en tus experiencias**. Vivimos actualmente en un mundo que se conmociona hasta morir, lleno de emoción y error, que reclama una sabiduría que se encuentra en la experiencia personal que no es sabiduría. Es solo experiencia— no transformada por la sabiduría de Dios.

La doctrina que está ganando terreno en nuestra cultura dice que no estás calificado para saber o decir nada, sobre cualquier cosa que no involucre tu experiencia personal. Los hombres no pueden decir nada sobre los problemas de las mujeres porque no son mujeres. Las personas de piel clara no pueden decir nada sobre ningún problema que se relacione con las personas de piel oscura porque ellos no la tienen. "Solo cállate y escucha". Esa es la actitud.

Lo que asume esta doctrina es que la sabiduría está en los sentimientos o en las experiencias de alguien. La Biblia no está de acuerdo con eso. **La sabiduría no se encuentra dentro de ti, ni en tus emociones, ni siquiera en tus**

experiencias. La sabiduría se encuentra con Dios y en Su Palabra. De hecho, algunos de los peores pensamientos que escucharás provienen de personas que están viviendo una experiencia. "Pastor, sé lo que dice la Biblia sobre el matrimonio, pero usted no ha vivido en mi matrimonio". Y salen con todas sus ideas sobre lo que debería ser correcto, porque ellos están en medio de un mal matrimonio. Piensan que, si yo estuviera en medio de un mal matrimonio, los entendería mejor.

No, escucha. Lo que están diciendo en medio de su mal matrimonio no concuerda con la Escritura, lo que significa que sus experiencias no han hecho nada más que teñir su perspectiva. Y lo que es cierto en esa ilustración es cierto con cualquier otra cosa de la que quieras hablar. **La sabiduría no se encuentra en las emociones o experiencias de alguien. Se encuentra en la Palabra de Dios**. **Aparta la mirada de ti mismo, si quieres saber la verdad**. De hecho, si le decimos a alguien que se calle, deberíamos callarnos a nosotros mismos. "Richard, cállate y escucha la Palabra de Dios", porque ahí es donde se encuentra la sabiduría. **Tienes que darte cuenta de que la verdad es la verdad, y que está determinada por Dios y no por ti ni por el voto popular**. No se encuentra al buscar dentro de las personas. Se encuentra al <u>apartar</u> la mirada de ti mismo, al <u>apartarla</u> de tu cultura y al buscar <u>a</u> Dios y Su Palabra. Por eso podemos buscar sabiduría en la fe.

Reflexión y aplicación

1. ¿Está tu corazón receptivo a las sabias instrucciones de Dios en la Biblia?

2. ¿Cuál es tu percepción en cuanto a la naturaleza de la Escritura? ¿De dónde vino?

3. ¿Te aferras a lo que te enseña la Escritura y los maestros sabios y piadosos?

4. ¿Te sometes a la veracidad y autoridad de la Escritura?

5. ¿Crees que la Escritura es suficiente para decirnos lo que necesitamos saber sobre Dios y sobre la naturaleza y el propósito de la humanidad?

6. ¿Escuchas la Escritura de una manera que no escuchas ninguna otra voz?

7. ¿Buscas la sabiduría con regularidad y entusiasmo?

8. Quienes intentan enseñarte ¿te describirían como humilde u orgulloso?

9. ¿En qué crees más, en las promesas de Dios o en tu experiencia?

EL DADOR DE DISCERNIMIENTO (vv. 6-8)

Entiende que toda la cultura podría estar de acuerdo en lo que está bien y estar completamente equivocada cuando no está de acuerdo con la Escritura. Eso nos lleva <u>al dador de discernimiento</u>. Lo quieres y estás listo para recibirlo, pero ¿adónde debes ir?

Versículo 6: *Porque el Señor da sabiduría, de su boca vienen el conocimiento y la inteligencia .⁷ Él reserva la prosperidad para los rectos, es escudo para los que andan en integridad, ⁸ guarda las sendas del juicio, y preserva el camino de sus santos.*

Este versículo repetidamente te dice adónde ir para encontrar sabiduría: *Porque <u>el Señor</u> da sabiduría, de <u>su</u> boca vienen el conocimiento y la inteligencia .⁷ <u>Él</u> reserva la prosperidad para los rectos, <u>es</u> escudo para los que andan en integridad...* ¿A dónde vas para el discernimiento? <u>Vas a Dios</u>

Y las únicas personas que irán a Él y recibirán esto, las únicas personas que irán a la fuente correcta, se describen en el versículo 7 donde dice que *Él reserva la prosperidad para los <u>rectos</u>....* ¿Quién recibe de la mano de Dios? Las personas que en el versículo 7, *andan en integridad.* ¿Qué caminos cuidará Dios? Versículo 8: *el camino de <u>sus santos</u>.* Este no es un concepto mundano de rectitud, ni un concepto mundano de integridad, sino algo que es completamente santo. Los santos de Dios buscan las palabras de Dios y van a la fuente del discernimiento. Y allí encontrarán discernimiento y sabiduría. ¿Quién da discernimiento? Dios da discernimiento.

Reflexión y aplicación

1. ¿Dónde busca la mayoría de la gente sabiduría y discernimiento?

2. ¿Qué hay de malo en su enfoque?

3. ¿De dónde dice Proverbios 2:6 que proviene la sabiduría?

4. ¿Qué tipo de personas pueden recibir sabiduría?

5. ¿Eres ese tipo de persona? Si no es así, ¿qué harás al respecto?

6. ¿Cuándo fue la última vez que pediste al Señor discernimiento o sabiduría?

LOS FRUTOS DEL DISCERNIMIENTO (vv. 9-15)

En los vv.9-15, encuentras los <u>frutos del discernimiento</u>. Allí hay otro *ENTONCES*. Una vez que haya cumplido las condiciones, una vez que las *SI* estén en su lugar…

- cuando mi actitud hacia la sabiduría es lo que describen estos versículos
- cuando mis acciones con respecto a la sabiduría son como describen estos versículos
- cuando veo la fuente de sabiduría como la describen estos versículos
- cuando los versículos 1-8 se convierten en mi vida

ENTONCES los versículos 9-15 serán el resultado—los frutos del discernimiento.

Podría preguntarlo de esta manera: ¿Qué caracterizará tu vida si rechazas la sabiduría del mundo y caminas en la sabiduría de Dios? ¿Cómo será tu vida si rechazas la narrativa del mundo y aceptas la Palabra de Dios? Se nos describe algo hermoso.

Caminarás sobre terreno seguro. (vv. 8b-9)

¿Qué hace Dios? Él guarda. Versículo 8, Él guarda *las sendas del juicio*. ¿Quieres saber qué es la justicia? Es lo que la Biblia dice que es. La Palabra de Dios es recta. La ley de Dios es recta. Es justa. La justicia es lo que Dios dice que es. Deja de tomar tus conceptos de justicia del marxismo. Deja de tomar tus conceptos de justicia del republicanismo y deja de tomar tus conceptos de justicia de la sabiduría humana. Busca la Palabra de Dios.

Dios guarda *las sendas del juicio* y preserva *el camino de sus santos*. ¿Cuál es el terreno seguro? <u>El terreno seguro</u>

es el terreno de la sabiduría de Dios—el terreno de la Palabra de Dios. Ve al Señor y caminarás sobre terreno seguro. Ve al Señor y vivirás tu vida con una mente sana.

Caminarás con una mente sana (vv. 10-11)

Lo que estamos viendo ahora mismo en nuestra cultura es una exhibición de locura. La forma en que la gente vive en este momento desafía incluso la lógica básica. Pero si andas en la sabiduría de Dios, tendrás una mente y corazón sanos. Mira el v. 10. Cuando hagas esto… *la sabiduría entrará en tu corazón y el conocimiento será grato a tu alma...* Amarás lo que es verdadero y recto y te agradará. Será una bendición para tu propia alma. *La discreción velará sobre ti, el entendimiento te protegerá*—no pierdas esa conexión. Dios guarda los caminos de Sus hijos. ¿Cómo lo hace? Lo hace a través del entendimiento y conocimiento que les da.

Obviamente, Dios nos protege providencialmente a través de las circunstancias y de otras formas, pero también nos protege con la verdad. Él nos enseña el camino por el cual caminar, y cuando le prestamos atención, cuando vivimos esta vida de sabiduría y escuchamos a Dios, estamos caminando sobre terreno seguro. Y de esa manera, Dios nos está guardando, cuidándonos y protegiéndonos. Vivirás tu vida con una mente sana.

Oro por ti. Ora por mí. Oro para que puedas dar oídos sordos a la cultura y abrir ampliamente tus oídos a Dios y Su Palabra. Que el Señor nos ayude.

No seguirás el consejo de los impíos. (vv. 12-15)

Rechazarás sus caminos. (v. 12a)

El versículo 12 dice, mientras Dios te está cuidando y guardando, te librará de algo… *para librarte de la senda del mal….* Si discierno, puedo reconocer lo que es bueno y lo que no. Voy a caminar por el sendero de la Palabra de Dios, que es el bien, lo que significa que seré librado de otro camino, de un camino que es malo. El mal encuentra expresión en este mundo en las personas. Entonces, voy a rechazar los caminos de maldad que siguen los hombres.

Rechazarás su discurso. (v. 12b)

Como dice el versículo 12… *para librarte de la senda del mal, del hombre que habla cosas perversas….* Voy a rechazar caminar con gente malvada, lo que significa que voy a rechazar su discurso. …*del hombre que habla cosas perversas…* Si algo debiera alertarte sobre el hecho de que el mundo no razona los problemas actuales correctamente, simplemente enciende YouTube y escucha las palabras que está usando. Escucha toda la perversión que se derrama en nombre de la justicia, en nombre de lo que es correcto; está lleno de discursos pervertidos. El pueblo de Dios no debe estar sujeto a tales cosas

Rechazarás sus valores (v. 13)

No solo rechazamos sus caminos y sus palabras. Rechazamos sus valores. Versículo 13: *de los que dejan las sendas de rectitud, para andar por los caminos tenebrosos…* No puedes caminar por el camino de la oscuridad sin rechazar la luz. Esto es lo que hace el mundo a cada paso. Rechaza lo verdaderamente recto para perseguir las tinieblas. Muchas de las mismas personas que ahora claman por justicia, apoyan de todo corazón la matanza de millones de bebés en el útero cada año. Personas a las que aparentemente la iglesia teme no escuchar, son las mismas personas que se esmeran por la aceptación de LGBTQ (agrega las iniciales).

¿Puedes reconocer que hay un camino de maldad y un camino de rectitud? Y aquellos que caminan en la sabiduría de Dios deben rechazar sus caminos y, por lo tanto, rechazar sus palabras, lo que significa rechazar sus valores. **¿Cuáles son nuestros valores?**

Rechazarás sus deleites. (v. 14)

Mire el versículo 14: *de los que se deleitan en hacer el mal, y se regocijan en las perversidades del mal*—se complacen en lo que Dios odia. No deben ser las personas con las que caminamos.

Rechazarás sus desviaciones. (v. 15)

El versículo 15: hombres *cuyas sendas son torcidas, y se extravían en sus senderos.* Persiguen lo que se desvía de la norma de Dios, una desviación de lo que es recto ante los ojos de Dios.

Por así decirlo es el efecto de la rana hervida, cuanto más tiempo pasa, más difícil se vuelve para una iglesia profesante que no está saturada de la Escritura poder reconocer dónde están ocurriendo las desviaciones. Quizás sean personas bien intencionadas, quizás incluso algunas personas convertidas, que están sufriendo debido a su ignorancia de la verdad y lo que están escuchando a su alrededor suena tan convincente, que no pueden notar la diferencia.

Lo que acabamos de ver en Proverbios 2:1-15 está incorporado en el Salmo 1. Si quieres vivir una vida bendecida, entonces querrás leer lo que dice este salmo.

¹ ¡Cuán bienaventurado es el hombre
que no anda en el consejo de los impíos,
ni se detiene en el camino de los pecadores,
ni se sienta en la silla de los escarnecedores,
² sino que en la ley del Señor está su deleite,
y en su ley medita de día y de noche!
³ Será como árbol
firmemente plantado junto a corrientes de agua,
que da su fruto a su tiempo,
y su hoja no se marchita;
en todo lo que hace, prospera.
⁴ No así los impíos,
que son como paja que se lleva el viento.
⁵ Por tanto, no se sostendrán los impíos en el juicio,
ni los pecadores en la congregación de los justos.
⁶ Porque el Señor conoce el camino de los justos,
mas el camino de los impíos perecerá.

Reflexión y aplicación

1. ¿Cómo se relaciona el discernimiento con la seguridad?

2. ¿Cómo se relaciona el discernimiento con el pensamiento sano?

3. ¿Cómo te protege la sabiduría de los malos caminos?

4. ¿Rechazas los caminos, el discurso y los valores de este mundo? ¿O generalmente actúas como el mundo, hablas como el mundo y evalúas como el mundo?

5. ¿Alguna vez te complaces en las cosas que el Señor odia? Si es así, ¿estás dispuesto a arrepentirte de eso?

6. ¿Apoyas las cosas que son perversiones del diseño del Señor?

7. ¿Estás dispuesto a buscar la sabiduría y el discernimiento como tesoro? Si es así, ¿qué bendiciones resultarán?

CONCLUSIÓN

El pueblo de Dios se distinguirá por su relación con la Palabra de Dios. La razón por la que somos un pueblo completamente comprometido con Su Palabra es porque reconocemos que es la sabiduría de Dios. Lo que queremos no es la sabiduría de esta generación, sino la sabiduría de Dios. Por eso la buscamos, la escuchamos e inclinamos nuestro corazón a ella. Sometemos nuestras vidas a ella y caminamos en ella, no solo por el problema de hoy, sino por los problemas que lo precedieron y por los problemas que le seguirán. Vivimos en un mundo que siempre estará lleno de caos y opiniones hasta el día que Jesús venga. Pero somos un pueblo que vivimos nuestra vida por las palabras de Dios.

Por eso, te exhorto, como lo hace el primer versículo de Proverbios 2, a **escuchar las palabras de sabiduría**, que son los mandamientos de Dios que se encuentran en Su Palabra. **Inclina tu corazón a ella. Rechaza la narrativa del mundo y sabe que la sabiduría de Dios nunca sonará así y nunca será así. Ve a la Palabra de Dios, escucha a tus maestros y pregunta: "¿Qué es sabiduría en esta situación?"**

ORACIÓN

Padre nuestro que estás en los cielos, gracias porque no estamos sin la verdad. Tu Palabra es la verdad. Nuestro Salvador oró por nosotros para que fuéramos santificados en la verdad, y luego dijo: "Tu palabra es verdad". Tu iglesia, Señor, debe ser la columna y sostén de la verdad en este mundo, no recitando filosofías, ni las vanas ideas de la sabiduría de esta generación, sino predicando y enseñando las Escrituras con cuidado, sumisión, humildad, sabiendo que la verdad no se encuentra en nuestras emociones o en nuestras experiencias, sino en Tu Palabra. Fortalécenos, Señor, para vivir vidas que realmente sean contraculturales, pero no únicamente por ser diferentes, sino porque como nos enseña Romanos 12, Señor, debemos resistirnos a conformarnos a este mundo para ser transformados mediante la renovación de nuestras mentes. Ayúdanos, Señor, a rechazar la narrativa de la cultura para que podamos recibir la Tuya y ser transformados en el proceso, a la imagen de nuestro Salvador, el Único perfecto, el Salvador que le has dado al mundo, el que puede librar a los pecadores de nuestras vanas ideas y de nuestras vanas vidas, y darnos lo que es la vida en verdad. Colócanos en nuestro sano juicio, como dice el escritor de Proverbios en el capítulo 2, para que nuestros corazones encuentren sabiduría en ellos y que sea agradable para nuestras almas. Señor, haz esto en mi vida y en la vida de los lectores de este pequeño libro. Que puedas hacer mucho de ti en nuestras pequeñas vidas llenándonos con la verdad tal como es en Jesús. Te lo pedimos en el nombre de Jesús. Amén.

www.ingramcontent.com/pod-product-compliance
Lightning Source LLC
Chambersburg PA
CBHW060636030426
42337CB00018B/3382